경남시인선 217

뚫림

양재성 제3시집

도서출판 경남

시인의 말

  지나간 시간은 늘 아쉬움이 남는다. 와중에 뜬금없는 생각들과 넋두리를 모아 부끄러이 세 번째 시집을 낸다.
  바쁘심에도 애정으로 시집 해설을 맡아주신 고영조 큰형님과 일찍이 문학의 길로 이끌어주신 심종선 외숙부님께 큰절을 올린다. 신상성 교수님, 도서출판 경남 오하룡 선생님, 경남문예진흥원에도 감사의 마음을 전한다. 그 외 많은 분들의 도움을 받아온지라 평생 갚아야 할 빚으로 남았다.
  마음 추스른 김에 통나무 같은 화두로 목불이라도 빚어야 할까 보다.
  감사의 계절이다.

— 2019년 저물녘에

차례

시인의 말　　3

제1부

이명　　11
해체되는 밤　　12
무죄 항변　　13
기억의 저편　　14
아포칼립토　　15
이름　　16
편두통　　17
나사못　　18
요 며칠 사이　　19
무한궤도　　20
미투　　21
분노의 포도　　22
테러 음모　　23
비 오는 날의 단서　　24
타클라마칸 사막　　25
하구에서　　26
뚫림　　27

제2부

쇠똥구리	31
벌새	32
지네	33
반딧불	34
보름달	35
사슴	36
피뢰침	37
할미꽃	38
감자	39
문어	40
대나무	41
수국	42
지렁이	43
수선화	44
고사목	45

제3부

바람의 말	49
귀향	50
설거지	51
청문회	52
동병상련	53
날씀	54
저울추	55
껍데기론	56
탄광촌에서	57
패러독스	58
신 접속사	59
수저론	60
겨울나무	61
황소개구리	62
공감대	63

제4부

청마꽃들축제	67
다 쓴 치약	68
꽃병	69
누룽지	70
넋두리	71
사진틀	72
무논 풍경	73
부작위범	74
수국 이야기	75
화장	76
염전에서	77
기우제	78
MEMORY	79
나잇살	80
눈을 감는 이유	81
축시	82

■ **평설** 아이러니와 역설, 自我回復의 詩   83
　　　　고영조 (시인, 전 경남문화예술진흥원장)

제1부

이 명

흑표범처럼 어둠이 웅크린 지붕 위의
이슬 맺히는 소리를 듣던 귀
상사의 질책 같은 환청을 밀쳐내고
야수의 울음 덮인 하루를 접는 밤이면
소리의 잔해가 쌓인 귓속을 파고들어
숨은 달팽이를 물어뜯으며
변조된 교란 전파를 발사하는 벌 떼
귓전의 달콤한 속삭임에 젖어
쓴소리 외면하고 살아온 벌
꿀벌 말벌을 구분 못 한 벌
이순에야 찾아낸 귓속의 벌

오래전부터 둥지를 튼
벌, 그 지독한 벌

해체되는 밤

쥐를 찾는 뱀처럼
도심 사이로 미끄러져 든 어둠이
땅거미 진 허물을 벗기도 전

맹수의 발톱처럼 할퀴는 초음파와
화살같이 쏘아대는 레이저에 찔려
숨 끊기는 물소마냥 버둥거릴 때
들개처럼 히죽거리며 몰려나온 군상들
밤의 선혈을 게걸스레 들이켜다
살점들을 물고 어디론가 사라지고
뒤늦게 기웃거리는 하이에나처럼
나뒹구는 뼛조각들을 쓸어가는 청소차

적나라한 도시의 실루엣이 드러나면
갈기갈기 해체된 어제를 애도하며
오늘 밤의 부활을 기획하는 핏빛 눈동자

무죄 항변

남보다 긴 죄
발보다 빠른 죄
거죽이 화려한 죄
사랑을 오래하는 죄
혓바닥 무시로 놀린 죄
대가리 꼿꼿이 치켜든 죄
살아남고자 독기를 품은 죄
에덴의 처녀를 유혹했다는 원죄

미투와 적폐의 원조론
군중재판에 의거
돌로 쳐 죽임을 선고

평생 엎드려 기면서
남에게 해 끼친 일 없다는
뱀의 무죄 항변

이유 있음

기억의 지편

번개탄처럼 짧은 청춘의 남정은
두개골에 구멍 뚫린 유해로 돌아오고
통곡하던 제주의 피바람마저
빈 허벅에 멍에만 지워 육지로 내몰았던
4·3의 젊은 청상과 서러운 오누이

초혼의 저고리처럼 걸린 요양원 깃발
연탄재처럼 바래지고 성긴 머리카락
삼단처럼 질긴 세월의 물레질도 멎고
간신히 부여잡은 기억마저도 삭아
시공을 넘나드는 선문답의 홀로 대화
볼 부비는 자식들이 점점 낯설어지는
기다림마저 잃은 시선들

아포칼립토

양손을 묶인 채 제사장의 손에 끌려
죽음의 계단을 오르는 포로의 열린 동공
시간마저 휘어진 16:9 에지 화면의
갈비뼈를 갈라 끄집어낸 심장이
건져진 물고기처럼 헐떡거리고 있는

잘린 머리통을 죽창에 꿰어 든
광기 어린 군중의 환호성과 타는 횃불
채널을 돌리면 꽃가루를 뒤집어쓴 채
꿀벌통을 노리는 검은 말벌의 칼춤
시곗바늘이 힘겹게 뉴스의 늪을 건너면
무기력의 정점에서 무너지는 삼경
두려움으로 밀려드는 새로운 시작

이름

칼국수라는 쫄깃하고 따뜻한 이름은
밀가루 반죽 덩어리가
오랜 짓이김과 날카로운 칼질
온갖 소문들이 들끓는 가마솥에서
뼈처럼 하얗게 우러났을 때
비로소 얻어지는 것임을

얼마쯤 오랜 시련 흘러야
고로에 남은 유골처럼 가벼움 되어
허기진 영혼을 채울 수 있을까
길 잃은 낙타처럼 사막을 떠도는
그 이름 석 자

허기에 들어선 분식집
주방장의 달인 같은 손놀림에서

편두통

깨지고 부러질지언정 사정없이 들이받아 부수고 싶은
하지만 어디 한번 들이받지도 못하고 녹아버린 고드름처럼
치솟는 분노에도 외면해 온 반복된 퇴화의 역사
풀이 점점 사라지고 황량한 사막이 되어가는 초원처럼
북방으로 영역을 넓혀가는 주름진 이마에
쥐뿔은커녕 머리카락조차 돋지 않을 징후임을 알게 된 이래
뿔이 사라진 관자놀이에 자리 잡은 고질적 편두통

나사못

날카롭게 증폭되는 소용돌이로
예리하게 파고들어 붙들어야 하는
압박에 짓눌려 납작해진 정수리의
훈장처럼 팬 열십자의 낙인

허리를 파고드는 가시철조망 올
송진으로 버무려 감싸며
모질게 버텨 온 울타리 노송처럼
예순을 넘어 헐거워진 고관절에
날일 땐 목수처럼 흥얼거리며
나사못을 듬성듬성 심는 외과수술실

요 며칠 사이

대기를 호흡하지 못해 익사한 고래의
사체를 물고 흔들어대는 상어 무리
언어의 그물에 걸려 몸부림치다
절망한 시인의 퀭해진 눈동자
누 떼를 기다리는 강물 속의 악어들
큰 날개 자랑하던 군함새도 떠나고
어군탐지기에 잡힌 참치 무리와
그물에 가득 들어 이죽거리는 해파리
거미줄에 둘둘 말려 산 채로 먹히고
껍질만 남아 대롱거리는 곤충 같은

몰래 마실 나갔다 헝클어진 머리로
이슬 젖어 나타난 새벽달의 변명처럼
구차하고 떨떠름한 요 며칠 사이

무한궤도

과거의 무게를 견디며
끝없이 깔리고 밟히는 타원의 질서
침목을 깔고 거두기를 거듭하며
스스로 길이 되어 가야 하는 길
녹슬어 끊어지기 전에는 벗을 수 없는
바퀴 아닌 바퀴
무쇠로 엮은 진시황의 죽간인 양
또다시 시작되는 분서갱유
북서풍에 실려 오는 유황 냄새
비릿한 피 냄새

미 투

  초사흘, 요염한 자태에 침 흘리는 사내들을 볼 때마다 치솟는 질투와 가슴앓이를 모른 척 외면하는 백치미의 그녀, 급기야 누가 애비인지도 모를 씨를 잉태한 채 숨겨도 점점 불러오는 배, 며칠간의 밤샘 추궁과 엄포에도 한사코 결백을 주장하는 그녀를 이끌고 간 산부인과의 초음파 결과

  – 성별은 알려줄 수는 없지만 눈코손발 모두 정상이니 염려 마시라고 –

  이혼 숙려기간 중 전해 온 수사결과, 지난 여름밤 계수나무 아래서 별 헤던 그녀가 깜박 잠든 사이, 토끼 모자를 눌러쓴 범인이 숨어들어 범행을 저지르고 달아나는 CCTV 영상, 범인은 범죄인인도조약 미체결의 행성으로 도주하여 기소중지, 온통 야단법석 난리 와중에도 태평스레 만삭의 배를 안고 배시시 웃고만 있는 호숫가에 비친 그녀

분노의 포도

범죄를 꿈꾸는 자에게 밤은 훌륭한 공범
마그마를 품고 연기를 피우는 분화구처럼
터뜨릴 구실과 기회만 엿보는 사람들의
등에 저주처럼 들러붙은 꼽추의 혹
진드기 붙은 멧돼지마냥 진흙탕에 뒹굴어도
결코 혹은 부화되지 않음을 알게 된 지금
녹슨 비수와 쇠사슬에 묶여버린 복수심
힘겨운 기침 소리에서 죽음의 냄새를 맡은
설렘에 찬 까마귀의 울음소리

청맹과니에 더듬거리며 살아온 달팽이의
촉수에 주렁주렁 맺히는 분노의 포도송이

테러 음모

　우리가 힘을 합쳐 저 인간을 없애버리세
　내가 잠입해 털 난 양심에 다이너마이트를 박아 폭파시키겠네
　그러면 그동안 받아먹은 것, 훔쳐 먹은 것, 숨겨둔 것들까지 모두 게워 올릴 테니
　그때 자네는 눈과 귀를 틀어막고 기억 파일을 전부 삭제해 버리게
　그러다 쓰러지면 지갑은 물론 뒤틀린 생각과 반항심마저 털어 버리는 거야
　다음 날은 엄처시하 지하 취조실에서 끔찍한 고문을 당할 테고
　아마 첫사랑이나 숨겨둔 로맨스까지 남김없이 실토하게 될 걸세
　그리곤 초주검으로 쫓겨나 노숙이나 극단적인 선택을 하게 되겠지
　오늘 밤에 확실히 보내버리게 최고로 강한 폭탄을 만들어 봄세

　＊카스와 참이슬의 SNS에서.

비 오는 날의 단시

빗소리에 갑자기 소환되어
실타래처럼 엉켰던 어제들은
그 시절, 그 무렵, 그해, 그때 단위로
인수분해를 반복하다 다시 적분되어
새로운 알고리즘 속에 자리 잡을 때
낯선 가위눌림에 허둥대는 잠꼬대

밤새 몰아치던 폭우가 한눈파는 사이
여명을 낳으려고 몸부림치던 새벽이
일탈을 시도하는 안개들을 쓸어 모아
앞산 골짜기에 수북이 몰아놓고
다시금 분만실의 장막을 펼치는 찰나
분수처럼 솟구친 의문에 대한 단서

그때 깨물어도
가장 덜 아픈 손가락이 누구였을까

타클라마칸 사막

한낮의 불볕을 피해
발밑에서 거치적거리던 그림자가
길게 늘어져 저만치 물러나면
마다하는 낙타의 무릎을 꺾어 묶고
하루를 침낭 속에 갈무리하는 시간

몽골 바람이 구릉마다에
조각품을 빚고 물결 문양을 새기며
사방이 제 영역임을 표시할 적에
파도를 일구던 인도양의 해풍이
히말라야 산맥을 부리나케 넘어와
모래성에 영역이 무슨 소용이냐며
한바탕 비를 쏟아 휘젓고 가는

서유기와 마방의 전설을 쏘시개 삼아
바람과 속닥거리며 타는 모닥불
잠 못 들고 엿듣는 사막 여행자

하구에서

손짓하는 오로라의 그림자를 좇아
극지를 향해 이륙하는 철새들
뱀처럼 구불대며 흐르던 강물이
대지의 기름진 곳마다 새긴 발자취
계곡을 거치며 삼킨 풍경을 소화시키느라
간간이 쉬던 호수와 갈대숲
신고 온 신화를 삼각주 모래톱에 풀면
전설을 파헤치고 알을 낳는 물떼새

기수역을 지키는 하구언더러
재첩이며 오리알 잘 살피라 일러두고
여정에서 얻은 이름들을 벗어놓은 채
해무 속으로 소리 없이 잠겨드는 강

뚫림

모기에 물리거나 원유를 뽑거나
쥐가 벽을 갉거나 터널을 뚫거나
하여간 구멍을 내는 일
무언가가 어딘가의 틈새를 벌려
깊이와 넓이의 공간을 만들고
무엇인가가 드나들기 위한 것
무언가의 날카로움은 유사하며
어딘가는 도처에 다양하며
무엇인가는 무언가에 관심조차 없고
들러붙은 모기와 시추선과
쥐구멍과 터널은 뿌리를 같이하며
벽과 자존심과 하늘은 뚫림의 대상
붕괴와 손상을 수반하며
빛의 확장으로 이어지는 어둠

제2부

쇠똥구리

똥을 굴려
청심환을 빚어내는
화타의 연금술

황금날개를 갑옷 깊이 감추고
힘찬 비상을 꿈꾸는
불굴의 검투사

똥밭에 굴러도 이승이 낫다는
그 말씀
몸소 새기는 중

벌 새

중력을 떨치며 비상하는
육중한 동체의 불가사의

나비처럼의 가볍고
우아한 춤은 없으되
초고속 날개의
독보적인 기술력

정·지·비·행
후·진·비·행

지 네

　　((!!))
　　…발…
　　…발…
　　　…발…
　　　　…발…
　　　　　…발…
　　　　　　…발…
　　　　　…발…
　　　　…발…
　　　…발…
　　　　…발…
　　　　　…발…
　　　　　　…발…
　　　　　　　!!

서로 엉킴 없는 일사불란
독 묻힌 칼 앞세운 섬뜩한 행진

반딧불

별똥 길게 떨어진 들녘
흩어진 별 이삭을 낱낱이 물어다
여름 밤하늘에 촘촘히 다져 심고
은하수 강물 밤새 길어다
깜박깜박 싹을 틔우는
밤의 작은 요정들

보름달

너무 꽉 차서 버겁다
아쉬움만 남은
일요일 저녁 같아서

상현달 정도가 좋다
기다림이 있는
금요일 저녁 같아서

반쯤 찬
부담 없는 술잔처럼

사 슴

날아오르지도 못하고
날카로운 발톱이나 이빨도
그다지 빠른 발도 없고
땅속으로 숨을 줄도 모르는
겁 많은 눈동자에 비친 구름

죽어도 눈 감지 못하고
주검마저 장식으로 내걸리는
슬프도록 아름다운 왕관
모가지 긴 열사

피뢰침

빌딩을 뚫고 치솟은 창날에
먹구름 비집고 허파를 찔린 하늘
고통스런 비명은 천둥으로 울고
내뿜는 핏물인 양 쏟아지는 폭풍우와
핏발 선 눈의 튀는 번갯불은
혼돈의 하늘에 노한 대지의 통곡
군홧발에 깔려 죽은 개미들의 눈물과
북서풍에 실려 오는 매캐한 유황 냄새

먹구름 몰려드는 폭풍 전야
다시 날 세우는 신의 삼지창

할미꽃

허리 굽었다고 타박치 마라
평생 입 닫고 들어만 온지라
생각이 많아져 고개를 숙인 게야

뛰는 가슴을 보여주랴
아직 붉은 단심 가득하거늘
이름만 할미일 뿐
마음은 청춘이여

먹지도 못하는
꽃은 왜 심는담
아까운 땅에…

아, 생전 우리 할미 혼자 말씀

감 자

일갈하는 천둥소리와 비바람
바뀌는 풍경이며
고라니의 휘둥그런 눈동자까지
제 아량의 크기대로 나누어 담은 뒤
화두를 걸머지고 동안거에 들어
해제를 기다리며 숨 고르는 우주

뜨거운 냄비에서 익어가는
고만고만한 사내들의
알량한 자존심 같은

문어

제5원소 젤리처럼
갇힌 그물망을 탈출하는 신기
형상의 벽을 넘는 무한 변신술

알고 보면
먹물깨나 든 기업경영전문가
대표 논문—문어발식 경영법
대기업의 저작권 도용사례 빈발

어쩌면 오래전에 파견된
외계의 그 무엇

대나무

몸통으로 하늘의 높이를 재고
뿌리는 땅의 너비를 재는
타고난 재단사
우듬지에 세 든 백로 한 쌍
솜털 뽑아 둥지를 짓고
북풍이라도 세차게 부는 날이면
대숲에서 들려오는 이발사의 노래

임금님 귀는 당나귀 귀
귀까지 먹은 당나귀 귀
네 귀도 내 귀도
모두 당나귀 귀

수국

넓게 펼친 이파리 사이
허물만 남겨놓고 떠난
배추흰나비 떼의 향연

하굣길 여학교 앞 분식집
깔깔대던 갈래머리 소녀들의
발그레한 웃음이 묻어나는
보랏빛 수채화

지렁이

차마 못 볼 것 너무도 많아
눈마저 버리고 토굴에 든
어둠 속의 은자
제 몸처럼 부드러운 사고와
노장의 가르침 따라 가늘고 긴 삶

볕 쪼임 길에
몰려든 개미 떼의 난도질
발버둥 치며 죽어가는 누아르
잔혹한 반전의 다큐멘터리

수선화

꽃 속에 꽃을 피운
겹치마 입은 색시의
뒷모습도 단아한

흰 블라우스 긴 머리의
도도하던 새침데기 가시나가
살짝 떨어뜨리고 간
손수건 같은

고사목

삼신바위 비집고 뿌리를 내린
근초고왕의 칠지도
누우면 다시 일어설 수 없음에
유혹과 비바람 속에서도
오로지 선 채로 버틴 수직의 삶
꺾임 없이 입적한 미라로 남아
다시금 천 년을 지키는 칼

제3부

바람의 말

연은
그저 바람을 잘 만나
뜨는 게 아니란다

뼈 깎고 살 바르고
살얼음 같은 가슴까지 도려
꿈보다 더 가벼워져야
비로소 세상 위로 뜨는 것

다만
한창 바람 타고 힘 뻗칠 때
다 접고 내려가야 한단다

그때가
줄이 끊어지기 직전이므로

귀 항*

옹이처럼 패인 포진지며
탐조등 스쳐간 길섶마다
동백꽃 머리 툭툭 떨구던 섬

푸르던 젊음들은 삭은 유골로
곱디곱던 처자들은 세월을 사제당한
무명의 소녀상으로 돌아와 앉았는데

격랑 속에서도 기어이 살아남아
팔색조 품은 동백 숲 잊지 않고
그 이름 지심도로 고이 돌아왔구나

고맙다
정말 고맙다

*지심도의 거제시 반환을 축하하며.

설거지

서툰 설거지에 온통 젖었다
고무장갑을 벗는데 뒤집어진다

감아쥔 소매를 누르자
숨었던 손가락이 쏙쏙 나온다
매끈한 속살이 뽀얗다

내 속도 이처럼 뒤집어
보여주고 싶다

젖은 마음
뽀송하게 말리고 싶다

청문회

새순을 갉아대며 농사를 망쳤던
흉측한 해충의 과거를 숨긴 채
잠시 번데기로 숨었다가
화려한 이력의 날개를 펄럭거리며
독 가루를 흩날리는 나방처럼
낯 두꺼운 족속들
파리 애벌레 같은

동병상련

하이에나에 둘러싸여
산 채로 엉덩이를 뜯어 먹히며
어미를 향해 발버둥치는 새끼와
발치에서 안절부절못하고
분해되는 모습을 보는 어미

물소 뿔에 찔린 암사자의
굶고 기다리는 새끼들이 안쓰러움에도
도망친 사냥감에 안도하는 연유

여태까지
사냥감으로만 살아온
오랜 연민

말 씀

콩 심은데 콩 나고, 팥 심은데 팥 난다
콩을 심었는데 팥이 나지 않고
팥을 심었는데 콩이 나지 않는다

뿌린 대로 거둔다는 말씀

심는다고 모두 싹이 트지 않는다
싹튼다고 모두 꽃이 피지는 않고
꽃 핀다고 모두 열매를 맺지는 않는다

뿌린 대로 거둘 수는 없다는
참으로 편리하신 말씀

저울추

찰나의 눈금이 길게 새겨진
권력의 저울대에 매달려
곡학하거나 아첨하지 말지니
욕망의 중심에서 멀어질수록
너의 비중과 힘은 더 커질 터
흔들리는 저울대에
누구를 매달지도 말고
매달리지도 아니할 일

저울에 대한 경외심은
치우침 없는 평형일지니

껍데기론

누군가 그랬다 껍데기는 가라고
알맹이만 남으란 말씀이신지
애초 껍데기 없는 알맹이가 어디 있으랴

가을걷이를 하다보면
알맹이보다 껍데기가 많기도 하거늘
모진 계절일수록 껍데기는 두꺼워지는 법

소라게의 꿈은
단단한 고둥 껍데기를 갖는 것
더는 껍질을 껍데기라 홀대치 말게

탄광촌에서

어디에선가는
파면 팔수록 내려간다 했다지만
이제 고만 파시게
샘물도 강물도 죄다 마르고
더 나올 금도 석탄도 없는데
하 수상한 시절 탓으로 돌리지 말게
그동안 호시절 보내지 아니 하였던가

그나저나 도박장은 고만 열고
끼니 걱정이나 좀 덜어주시게
먹고사는 것 말고 더 뭣이 중한디

패러독스

노을 지는 해변에서
석양의 뒷모습만 훔쳐봤는데
점점 배가 불러온다는 달님
처녀수태의 의혹을 접어야 할 증거라는
이상야릇한 주장

밑 빠진 독에 물 붓기란
소용없는 짓이라는 말이 아니라
새는 물보다 더 많이 자꾸 부으면
결국 독에 물이 차게 된다는
긴가민가한 주장

신 접속사

아니 ……

글쎄 ……

근데 ……

있잖아 ……

수저론

모기는 잠자리에게
장구벌레는 잠자리 유충에게
대를 이어 먹고 먹히는
세습의 피라미드

씌워진 금고아처럼 벗을 수 없는
유전자 지도의 고정된 좌표
개천도 사다리도 사라져버린
기울어진 운동장의 흙수저
그들만의 금수저

겨울나무

엄청난 운명의 무게로
어깨와 머리에 쌓이는 폭설
가지만큼 뿌리의 영역을 펼치지 못한
척박한 대지 위의 몸부림
잎과 열매를 죄다 내어주고도
더는 굽히지 않겠노라 택한
오로지 외로운 올곧은 길
정작 가장 쉬운 길
움트는 가지마다 배인 기다림의 미학

황소개구리

물가에서 입 뻐끔거리던
어제의 아프고 너덜해진 기억은
사라진 꼬리 따라 증발하고
근육질의 다리로 늪을 누비다
황소개구리의 난으로 매도된 이래
화살펴지로 날아드는 토황소격문
검푸른 황사 뒤덮인 광화문 거리
빙하처럼 밀려드는 빛과 깃발
아직도 모르는 올챙이 시절

공감대

맥주에서 자동차로
아나운서의 필기구까지
퇴출과 테러의 퍼포먼스 영상
등 떠밀리는 양심

찍어대는 방송국 카메라에는
제 손의 골프채에는
모두가 함구
무언의 공감대 형성

NO JAPAN
내 로 남 불

제4부

청마꽃들축제

꽃이 피었습니다
둔덕 들녘부터 온 나라 방방곡곡
저 멀리 북만주 벌판까지 피었습니다

거친 바다에서 살다
세찬 물살을 거슬러 올라
제 태어난 계곡에서 생을 접는 연어처럼

이역만리 언 땅에 흩뿌린
피 끓는 젊음을 거두어 안고
고국의 하늘 아래 펼친 가르침의 길
사랑과 고독과 생명의 씨앗들이
이처럼 꽃들로 활짝 피었습니다

하여 고향 뒷동산에 잠드신 임의
그 향기 지천에 꽃으로 피어날 때
어디선가 들려오는 익은 목소리

"둔덕골이었으므로 나는 진정 행복하였네라"

다 쓴 치약

더는 나올 게 없을 줄 알면서도
짜면 아쉬울 만큼은 내주는
찌든 살림에 남매들 들러붙어
짜고 또 쥐어 짜 껍데기만 남은
야윈 젖가슴처럼

버릴 요량으로
납작해진 치약 껍데기를 찢다 베인
손가락의 핏방울

무엇이든 아껴야 한다던
잠언 같은 목소리가 아린 손끝에서
선홍색으로 배어나는 아침

꽃 병

꽃병 속의 물은 평온이다

네가 꽁꽁 얼면 병은 깨진다
내 가슴처럼

내가 부글부글 끓어도 병은 깨진다
네 마음처럼

사라지는 너의 꽃
사라지는 나의 꽃병

누룽지

입이 많아
뜨물로 양을 늘리고
눈물로 간을 맞춘 묽은 밥

뜨거운 솥바닥에
온몸 태워
고소하게 눌어붙은
한 줌의 모정

넋두리

누가 그러데
이제 더는 남은 사랑이 없을 줄 알았는데
어느새 사랑이 찾아오더라 하데

에 휴…

눈물도 다 말라빠진 줄 알았는데
눈물이 다시 펑펑 솟더라 하데
어느덧 그 사랑이 떠나고 나니

사진틀

동그라미 그리려다
무심코 그렸다던 얼굴
보릿고개 넘어 신작로를 내고
횃불로 기적을 이루었다던
대를 이어 내걸린 얼굴
애써 지운 세월의 흔적은
거센 풍랑에 다시 떠오르고
블랙홀로 사라졌던 시계추도
종탑에 갇혀 시간마다 울 때
대를 이어 사라진 얼굴 얼굴들

무논 풍경

무논에 잠긴 산 그림자
이는 바람에도 흔들림 없이
밤이면 별빛 가득 내려와
고요한 풍경의 캔버스가 되는 너
산바람에 그믐달 잠시 살랑이면
부서진 거울인 양 울적해할 때
정작 흔들림은 그대라는 말
돌아보니 미풍에도 흔들리고 있는 나

부작위범

이파리 낙엽으로 지려 할 때
한사코 붙잡지 아니한
어설픈 자존심

홀로된 후유증
심각한 장애로 남음

미필적 고의로
설마하며 버틴
부작위로 인한 중상해죄

수국 이야기

바람에 떨어진 벚꽃을 보고
누님 생각난 동자승이
꽃잎들을 소복이 모아두었지요
지켜보던 개미들이 밤새 물어다
수국 가지 사이에 소복이 붙여놓았고요
동자승이 노스님더러
부처님께 말씀드려서 꽃이 떨어지지 않게 해 주세요
화무십일홍이란다
그래도요
허…거 참!
노스님과 동자승은 밤새워 기도를 했대요
이후로 수국 꽃은 한겨울에도 붙어 있는 거래요
새 꽃이 필 때까지요
해탈한 노스님의 모습으로 말입니다

화 장

나잇살을 지우려 덧바르다 보면
어느새 분장이 되어버린
마주한 거울을 애써 외면하고
입고 벗기를 열두 번에
고른 옷가지를 걸치고 나서면
나조차도 낯선 타인
판다곰의 안경처럼 번지는 마스카라
시든 장미꽃의 눈물

염전에서

도둑이 바다에 빠뜨린 소금맷돌이 끊임없이 돌아
지금까지도 돌아 짜디짠 바닷물이 되었다던 전설
맷돌은 건져지고 바람도 멎었건만 짠물은 남아
멸치 새우 전복 다시마에도
세월의 흔적이 깃든 부둣가의 깃발에도 배인
검게 탄 염부의 등에 흐르는 땀보다도 더 짠
갈치속젓처럼 우러날 감칠맛의 소금 덩어리

기우제

소낙비 오는 날이면
파전에 막걸리 한잔하며
오늘 이 시간을 생각하라던 말
세상에 비 온다고 그리운 것이
어찌 너뿐일까 마는
비 오면 일손 놓는 촌부인 양
가뭄이 들지 아니하였음에도
비 기다리는 갈라진 논바닥처럼
비 오는 날에도 올리는
우산 속의 기우제

MEMORY

내 눈동자에 맺힌
하늘과 꽃과 바람
그 중심에서 웃음 짓는
Y·O·U

내 가슴 무한대 SSD에 저장

내 심장이 박동 칠 때마다
동영상 파노라마로
영원히 반복 재생될
TODAY

FILE 제목은
알라뷰 청마꽃들

나잇살

꿈속에서조차 이건 꿈인 줄 알면서
깨지 않으려 뒤척이는 까닭은
오늘 밤처럼 다시 그대 꿈을 꾸려면
얼마를 기다려야 할는지 기약 없음이기에

그런 속도 모르고
밤을 야금야금 갉으며
방광의 팽창을 알리는 시계 소리
괜스레 방문을 닫고
심야방송 채널을 뒤적이다
문득 나잇살을 돌아보는 밤

눈을 감는 이유

나는 지금 눈을 뜨지 못합니다
눈을 뜨면
애써 떠올린 그대가 사라질까봐

먼발치로 보이는
슬픈 그대 모습보다
어둠 속의 그대가
내 곁에서 더 편한 까닭입니다

그러다 시간 흘러
그대의 아픔이 살짝 비켜났을 때
나는 비로소 감은 눈을 뜨려 합니다

나는 지금도 그대가 보고프면
눈을 지그시 감습니다

축 시

힘을 길러 지키자던 율곡의 외침 소리
백두대간 척수 타고 옥포만에 다다르니
충무공 승전고 소리 우렁차게 울리더라

해금강 마파람은 경포대를 넘나들고
대구 명태 갈매기도 동·남해를 오고 가매
우국의 아들딸들이 오늘에야 만났구나

돛을 올린 뱃길에 풍랑인들 마다할까
의정활동 부산한들 어찌 아니 반길쏜가
단옷날 임 기다리듯 천년만년 오고 갈 터

강릉이여,
거제여,
영원한 형제자매여

— 강릉시의회, 거제시의회 자매결연 행사에 부쳐

해설

아이러니와 역설, 自我回復의 詩

고영조 (시인, 전 경남문화예술진흥원장)

 양재성 시인의 이번 시집 《뚫림》에 실린 시들은 대체로 무겁다. 그것은 그의 시가 우리 사회가 처한 부조리와 모순, 소외와 단절을 주제로 하여 아이러니, 반어, 역설 등의 기법으로 써졌기 때문일 것이다. 이런 시작 방법은 우리가 시에서 전통적으로 추구했던 서정성보다는 상대적으로 비판과 조롱, 야유를 속성으로 한다. 이와 같이 현대적 특성을 잘 반영하는 역설적 시 쓰기는 주제를 차별화하거나 시적 표현이 효과적이기 때문에 많은 시인들이 즐겨 쓰는 방법이기도 하다.

 아이러니는 겉으로 드러난 말과 실질적 의미 사이에 괴리가 생긴 결과이다. 겉으로 하는 말이 내용적으로 의도된 뜻과 다르거나 정반대의 경우에 이 아이러니가 생겨난다. 양 시인은 이 아이러니와 역설로 평면적인 시적 의미를 입체적으로 전도시키려 하고 있다. 패러디 역시 그가 즐겨 쓰는 방식이다. 현대 비평가들은 아이러니를 내포하는 문학이 그렇지 않는 문학보다도 표현적이라고 말하고 있다. 그것은 아이러니가 인생의 체험을 한 면만 보지 않고 그 정반대의 면도 동시에 보고 동시에 표현하는 방법이라고 보기 때문이다.

양 시인은 그의 시집 1부와 3부에서는 현대사회의 모순과 부조리를 아이러니와 역설로 신랄하게 꼬집고 비판하는 시를, 2부와 4부에서는 분열에서 자아회복으로 가고자 하는 서정적인 시의 세계를 보여주고 있다.

>흑표범처럼 어둠이 웅크린 지붕 위의
>이슬 맺히는 소리를 듣던 귀
>상사의 질책 같은 환청을 밀쳐내고
>야수의 울음 덮인 하루를 접는 밤이면
>소리의 잔해가 쌓인 귓속을 파고들어
>숨은 달팽이를 물어뜯으며
>변조된 교란 전파를 발사하는 벌 떼
>귓전의 달콤한 속삭임에 젖어
>쓴소리 외면하고 살아온 벌
>꿀벌 말벌을 구분 못 한 벌
>이순에야 찾아낸 귓속의 벌
>
>오래전부터 둥지를 튼

벌, 그 지독한 벌

— 시 〈이명〉 전문

이명耳鳴은 귓속에서 잉잉거리는 소리가 울리는 현상이다. 이 병은 스트레스가 쌓여서 생기는 난치성 질환이라고 한다. 이명이 되고서야 돌아보는 자신, 벌(蜂)과 벌(罰)의 동음이의, 병치은유를 쓰고 있다. '귓속에 둥지를 튼 벌(蜂), 그 지독한 벌(罰)'의 병치은유는 신랄하다. 벌과 벌을 나란히 두고 대립과 갈등을 비교하는 이 은유는 서로 다른 의미의 언어가 긴장감을 고조시키면서 시적 효과를 더욱 상승시킨다. 또한 벌과 벌의 병치, 이질적이고 비유사적인 언어를 결합하는 상반된 결구結句는 일상적 언어의식을 지닌 독자에게 시를 더욱 낯설게 느끼도록 하고 있다.

벌과 벌은 아무런 유사성도 연관성도 없다. 다만 동음이의어일 뿐이다. 이러한 병치은유의 폭력적 결합은 형이상학시의 한 특질이기도 하다. 귓속에서 잉잉대는 벌 소리로 무절제한 행동에 대한 벌이라고 말하는 시인의 말은 은근히 우리를 미소 짓게 한다. 술 좋아하고 친구 좋아하고 사람 좋다고 정평 난 시인이 뒤늦게 벌 때문에 반성한다니 그 벌罰 또한 심술궂지만 미소 지을 만하지 않는가.

〈기억의 저편〉은 제주 4·3사건으로 희생된 가족사를 시화한 것이다. 이 시는 4·3사건을 채용하는 시사적topical 인유引喩 형식을 취하고 있다.

—랴

짧은 청춘의 남정은

두개골에 구멍 뚫린 유해로 돌아오고

통곡하던 제주의 피바람마저

빈 허벅에 멍에만 지워 육지로 내몰았던

4·3의 젊은 청상과 서러운 오누이

—랴

성긴 머리카락

삼단처럼 질긴 세월의 물레질도 멎고

간신히 부여잡은 기억마저도 삭아

—랴

볼 부비는 자식들이 점점 낯설어지는

기다림마저 잃은 시선들

— 시 〈기억의 저편〉 부분

 '짧은 청춘의 남정은 두개골에 구멍 뚫린 유해로 돌아오고, 통곡하던 제주의 피바람마저 빈 허벅에 멍에만 지워 육지로 내몰았던, 4·3의 젊은 청상과 서러운 오누이…'
 오래전에 남편을 잃고 청상으로 살아온 할머니, 두개골에 구멍이 뚫린 유골로 돌아온 할아버지에 대한 묘사는 실로 가슴 아프다. 이 서러운 민족사를 어찌한단 말인가. 이런 비극을 당한 가족들의 슬픔과 비애는 또 어찌할 것인가. 민족사의 비극은 어제오늘의 일도 아닌데 시를 읽는 마음이 그저 먹먹하고 새삼 가슴이 아플 뿐이다.

우리 현대시에는 이 시사적 인유를 채용한 시가 다수 있다. 신동엽의 〈껍데기는 가라〉 외에도 4·19, 5·18 등에 관련된 시가 그것이다. 또 정치를 패러디한 시나 역사적, 사회적 사건을 참조한 시사적 인유도 현대시의 한 유형을 이루고 있다. 이런 유형의 시를 볼 때마다 나는 시 이전에 인유된 시적 현실에 참담함을 금힐 수 없다.

인유를 채용한 시 〈기억의 저편〉 외에도 〈청문회〉, 〈말씀〉, 〈껍데기론〉, 〈패러독스〉 같은 정치를 인유, 패러디한 시가 이번 시집에서 다수 보이고 있다.

그리고 〈아포칼립토〉는 목덜미가 서늘해지는 시다. 새로운 시작이라는 의미의 영화 '아포칼립토'는 남아메리카 원시족이 포로를 제물로 바치는 의식을 영화화한 것으로 특히 광기 어린 군중의 열광하는 모습에 온몸이 오싹해진다.

그러나 시 〈이름〉은 〈아포칼립토〉와 대비된다. 〈아포칼립토〉는 광기에 찬 군중의 모습에서 인간의 무의식 속에 잠재된 폭력성과 잔인성을 드러낸 것이라면, 〈이름〉은 칼국수가 만들어지는 과정을 보고 쓴 시다. 밀가루를 반죽해서 칼국수를 만드는 과정을 바라보는 시인의 시선이 따스하고 정겹다. 소박한 칼국수 장인의 영혼이 맑게 울려 들리는 듯하다. 이런 소시민의 모습을 시로 제시하고 돌아보는 시인은 그가 평소 바라는 삶의 가치관을 말하고 있는 것이 아닐까.

시집 2부의 〈쇠똥구리〉, 〈벌새〉, 〈할미꽃〉 등에서 나타나고 있듯 평범한 일상을 제재로 삼는 시인의 예리한 관찰력과 소박하면서도 참된 삶의 정의도 함께 담담하게 울려온다.

> 칼국수라는 쫄깃하고 따뜻한 이름은
> 밀가루 반죽 덩어리가
> 오랜 짓이김과 날카로운 칼질
> 온갖 소문들이 들끓는 가마솥에서
> 뼈처럼 하얗게 우러났을 때
> 비로소 얻어지는 것임을
>
> 얼마쯤 오랜 시련 흘러야
> 고로에 남은 유골처럼 가벼움 되어
> 허기진 영혼을 채울 수 있을까
> 길 잃은 낙타처럼 사막을 떠도는
> 그 이름 석 자
>
> 허기에 들어선 분식집
> 주방장의 달인 같은 손놀림에서
>
> ― 시 〈이름〉 전문

〈나사못〉은 고관절 골절상을 입은 어머니의 수술과정을 묘사한 시다.

엑스레이 사진 속에 촘촘히 드러난 나사못, 뼈를 뚫고 박힌 그

형상의 의외성에 시인도 놀라고 독자도 덩달아 놀란다.

>　날카롭게 증폭되는 소용돌이로
>　-략
>　훈장처럼 팬 열십자의 낙인
>
>　허리를 파고드는 가시철조망을
>　송진으로 버무려 감싸며
>　모질게 버텨 온 울타리 노송처럼
>　예순을 넘어 헐거워진 고관절에
>　-략
>　나사못을 듬성듬성 심는 외과수술실

— 시 〈나사못〉 부분

'허리를 파고드는 가시철조망을 송진으로 감싸며 모질게 버텨 온 노송처럼' 어머니를 대비시킨다.

일제의 핍박과 6·25전쟁을 겪으며 살아온 우리들 어머니의 모진 삶은 그랬다. 뼈가 아니면 심장에 대못이 박히며 살아온 그들이었다. 굽어진 허리와 다리, 그 모습으로 논밭에 엎디어 살아온 어머니, 종내에는 쇠붙이와 기계에 의존하여 마지막 생을 의탁하여야 하는 어머니의 잔영은 가슴 아프다. 이 시 〈나사못〉은 고향과 부모를 떠나 살고 있는 우리 스스로를 다시 한 번 돌아보게 하는 시다.

우리가 힘을 합쳐 저 인간을 없애버리세
　　내가 잠입해 털 난 양심에 다이너마이트를 박아 폭파시키겠네
　　그러면 그동안 받아먹은 것, 훔쳐 먹은 것, 숨겨둔 것들까지 모두 게워 올릴 테니
　　그때 자네는 눈과 귀를 틀어막고 기억 파일을 전부 삭제해 버리게
　　그러다 쓰러지면 지갑은 물론 뒤틀린 생각과 반항심마저 털어버리는 거야
　　다음 날은 엄처시하 지하 취조실에서 끔찍한 고문을 당할 테고
　　아마 첫사랑이나 숨겨둔 로맨스까지 남김없이 실토하게 될 걸세
　　그리곤 초주검으로 쫓겨나 노숙이나 극단적인 선택을 하게 되겠지
　　오늘 밤에 확실히 보내버리게 최고로 강한 폭탄을 만들어 봄세

*카스와 참이슬의 SNS에서.

—시 〈테러 음모〉 전문

　　시 〈테러음모〉는 우선 발상이 기발하고 재미있다. 성인 남자라면 폭탄주를 모르는 사람이 없을 터이고 폭탄주 제조를 한 번쯤 안 해 본 사람도 드물 것이다. 누가 처음으로 맥주와 소주를 섞어 만든 칵테일을 폭탄주로 명명했을까. 이런 메타포를 처음 쓴 사람은 분명 뛰어난 시인이리라.
　　거품이 부글부글 솟아오르는 것을 보고 폭탄 같다고 했을까. 마시면 그냥 취하는 술, 취해서 일제히 쓰러지는 술 그래서 폭탄일까. 아무튼 이 시는 비유와 화법이 싱그럽다. '그동안 훔쳐 먹

은 것, 뒷돈 받아먹은 것, 숨겨둔 것'을 토해내는 폭탄주의 형상, 죄를 실토하게 하는 고문, 초주검으로 취하게 하는 폭탄주! 이런 인유적 비유가 현란하다.

  남자들의 허세와 기세가 점철되는, 소시민의 고된 삶을 한꺼번에 날려버릴 것 같은 폭탄주, 우리는 왜 이렇게 폭탄주를 마시지 않으면 견딜 수 없는 현실 속에서 발버둥치고 있는가. 폭탄을 안고 달려들어 폭사하는 자살특공대 같은 호기 어린 남자들의 목소리를 이 시에서 듣는다.
  폭탄주의 폭탄이라는 말의 상징이 '누군가를 없애버리는 음모로, 뒷돈 먹고, 훔쳐 먹은 사람들'로 구체화되고 대상화되어 부조리하고 탐욕으로 가득 찬 현대사회를 패러디하고 알레고리화 한 것이다. 그리고 첫사랑의 로맨스까지 실토하는 것에 이르면 고소를 금할 수 없다. 만취하면 첫사랑의 고백도, 새 사랑의 고백도 줄줄 쏟아 놓게 되니까 삼가 조심할 일이다.

    모기에 물리거나 원유를 뽑거나
    쥐가 벽을 갉거나 터널을 뚫거나
    하여간 구멍을 내는 일
    무언가가 어딘가의 틈새를 벌려
    깊이와 넓이의 공간을 만들고
    무엇인가가 드나들기 위한 것
    무언가의 날카로움은 유사하며
    어딘가는 도치에 다양하며

무엇인가는 무언가에 관심조차 없고

들러붙은 모기와 시추선과

쥐구멍과 터널은 뿌리를 같이하며

벽과 자존심과 하늘은 뚫림의 대상

붕괴와 손상을 수반하며

빛의 확장으로 이어지는 어둠

— 시 〈뚫림〉 전문

'모기에 물리거나 원유를 뽑거나/ 쥐가 벽을 갉거나 터널을 뚫거나/ 하여간 구멍을 내는 일'

이 시는 이렇게 시작되어 보는 '뚫림'이 같은 이치라는 것을 말하고 있다. 뚫림은 삶의 수단으로서, 숨 쉬는 공간을 만들면서 깊이와 넓이를 확장하는 언어이다. '뚫림'이라는 언어가 명명하는 이 개시성은 놀랍도록 많은 의미를 우리에게 던지고 있다. 모기가 피를 빨고, 쥐가 구멍을 뚫고, 캄캄한 지하에서 터널을 뚫는ㅡ이 구멍을 내는 일이야말로 보이지 않는 곳에서 보이는 것을 찾고 뚫림이 붕괴로 이어지는 현상에서는 역설적으로 빛에서 어둠을 찾으려고 한다. 이 시는 본래적으로 존재론적이다.

'뚫림'이라는 시어가 말하는 것은 이미 우리가 알고 있는 그 뚫림이 아니라 일상성을 벗어던지며 새롭게 태어나는 언어로서의 '뚫림'을 말한다. 또 어디가 뚫릴 것인가. 하늘일까 땅일까, 마그마의 폭발일까, 천둥일까. '뚫림'이라는 말의 지평이 이 시를 통해서 세계를 향해 아득히 열리고 있는 것을 본다.

시집 2부에서는 전술한 대로 〈쇠똥구리〉, 〈벌새〉, 〈지네〉, 〈반딧불〉, 〈보름달〉, 〈사슴〉, 〈할미꽃〉, 〈감자〉 같은 자연적인 소재를 다루고 있다. 그렇다고 결코 만만한 시가 아니다. 평범한 소재를 관찰력과 직관으로 의인화하여 우리의 일상을 따스하게 뒤돌아보게 하는 은근한 솜씨가 그렇다.

척박한 환경에서도 쇠똥을 구르며 살아가는 〈쇠똥구리〉, 쉴 새 없는 날갯짓으로 꿀을 모으는 〈벌새〉 등이 그린 시다. 〈지네〉는 지네의 형상인 독니와 무수한 발을 마치 움직이는 듯 시각화한 것으로 실험적 개성이 돋보인다.

>너무 꽉 차서 버겁다
>아쉬움만 남은
>일요일 저녁 같아서
>
>상현달 정도가 좋다
>기다림이 있는
>금요일 저녁 같아서
>
>반쯤 찬
>부담 없는 술잔처럼
>
>― 시 〈보름달〉 전문

시 〈반딧불〉은 단순히 여름밤의 서정을 그리고 있지만, 이 〈보름달〉은 짧지만 시인의 시관詩觀이 잘 드러나 있다.

'너무 꽉 차서 버겁다/ 상현달 정도가 좋다/ 반쯤 찬 부담 없는 술잔처럼'

뭐든 꽉 차면 더 갈 곳이 없다. 반쯤-그래 반쯤이면 족하다. 그렇게 욕심내고 살 일이 아니다. 조금 부족한 곳에 숨 쉴 틈이 있고 삶의 부드러움이 있다. 양 시인도 그렇다. 늘 겸양하는 그의 인품이 잘 드러난 시다. "-형님 부족하지만 시집 권두에 한 말씀 해 주이소!" 그런 사람이다. 달도 차면 기운다. 그의 목소리가 들리는 듯하다.

그리고 〈할미꽃〉은 거듭 읽고 싶은 시다.

>허리 굽었다고 타박치 마라
>평생 입 닫고 들어만 온지라
>생각이 많아져 고개를 숙인 게야
>
>뛰는 가슴을 보여주랴
>아직 붉은 단심 가득하거늘
>이름만 할미일 뿐
>마음은 청춘이여
>
>먹지도 못하는
>꽃은 왜 심는담
>아까운 땅에…

아, 생전 우리 할미 혼자 말씀

— 시 〈할미꽃〉 전문

'허리 굽었다고 타박치 마라/ 평생 입 닫고 들어만 온지라— 먹지도 못하는/ 꽃은 왜 심는담/ 아까운 땅에…//'

이미 떠나신— 우리들 할머니는 다 그렇다. 꽃보다 삶이다. 꽃을 보는 일보다 목숨을 부지하는 일이 더 시급하고 귀하다. 그만큼 질곡의 세월을 살아오신 분들이 할머니다. 더구나 시인의 할머니는 4·3사건으로 남편을 여의고 청상으로 평생을 눈감고 입닫고 고개 숙이고 살아왔다. 그분에게 꽃을 말하는 것은 호사다. 할머니는 살아남아야 하고 목숨을 부지해야 하는 절대절명의 시대를 살아왔다.

'—먹지도 못하는/ 꽃은 왜 심는담/ 아까운 땅에…' 그렇다 먹어야 산다. 빈손으로 목숨을 부지하고 자식을 키우는 모진 삶이야말로 투쟁 그 자체였을 것이다. 시인의 할머니가 눈에 선하다.

양재성은 1부와 3부에서 부조리한 현실을 아이러니와 역설, 인유로 회초리를 들었지만 시 〈할미꽃〉처럼 따스한 세상을 꿈꾸기도 하는 것이다.

그리고 '—도도한 새침데기 가시나가/ 살짝 떨어뜨리고 간/ 손수건 같은' 시 〈수선화〉는 아련한 세월의 저쪽에 서 있는 사춘기 소년 양 시인을 떠올리게 한다. 누구에게나 사춘기는 참 순진무구한 때가 아니었던가. 알면서도 모르는 척 슬쩍 속아주던 그 마음이 얼비치는 시다. 아름다웠던 그 순간을 고즈넉이 함께 생각해 보는 아침이다.

시 〈설거지〉는 대단히 은유적이다. '내 마음이 버선목이라 뒤집어 보여 줄 수도 없고' 하는 말이 있듯 '뒤집어진 고무장갑처럼 내 속을 뒤집어 보여주고 싶다'고 한다. 누구한테? 이제 다 갑년이 지나가는데 그러나 시인은 언제나 소년이다. 소녀가 떨어뜨린 손수건을 집어 드는 마음처럼 내 속을 고무장갑처럼 뒤집어 보여주고자 하는 만년 소년이다. 그런 소년의 마음으로 세상을 살고자 하는 것이 시인이 아니고 누구랴. 시는 소년의 마음과 같아야 영롱하고 영원할 것이나.

연은
그저 바람을 잘 만나
뜨는 게 아니란다

뼈 깎고 살 바르고
살얼음 같은 가슴까지 도려
꿈보다 더 가벼워져야
비로소 세상 위로 뜨는 것

다만
한창 바람타고 힘 넘칠 때
다 접고 내려와야 한단다

그때가

줄이 끊어지기 직전이므로

— 시 〈바람의 말〉 전문

  이 시 〈바람의 말〉을 읽으며 나는 밥 딜런 노래 'Blowing in the wind'를 생각한다. –바람의 말 –바람의 대답. 밥 딜런은 전쟁으로 인한 무고한 죽음과 평화에 대해 노래하며 이 문제에 대한 답은 바람만이 알고 있다고 했다.

  양 시인이 듣는 바람의 말은 소박하다. 그러나 결코 가볍지 않다.

  '연은–꿈보다 더 가벼워져야/ 비로소 세상 위로 뜨는 것'이라고 했다. 그리고 '–힘 넘칠 때/ 내려와야 한'다고 바람의 말을 들려준다. '–넘치면–줄이 끊어지므로'. 그는 이 시에서 인간의 내적 욕망에 대해서 얘기한다. 절반이거나, 반쯤이거나 상현달을 말한다.

  연은 무엇인가. 욕망의 다른 이름이다. 결핍욕망이다. 결핍을 뛰어넘어야 세상 위로 뜬다고 했다. '–꿈보다 더 가벼워져야' 뜬다고 했다. 결핍욕망을 넘어 생성하고 창조하는 욕망으로 바꾸는 얘기를 하는 것이다.

  3부의 시 〈청문회〉, 〈껍데기론〉, 〈패러독스〉 등은 정치를 주제로 하여 세태를 풍자하고 있다. 현대에 와서 정치를 패러디한 시가 성행한 때가 있었다. 그것은 시대적 환경이 그런 풍자시를 낳게 한 원인이기도 했다. 정치적으로 혼란한 시기에 번지르르한 말로써 국민을 속이던 때의 이야기다. 그러나 아직도 진행형이다. 우리 사회에서 믿을 수 없는 대상이 정치요, 정치인임은 변함이 없다. 뽑아 놓고 믿을 수 없어 붉으락푸르락 하는 모순에 빠져 있는 것이다. 이런 정치를 비꼬는 시는 풍자적이며 패러디적일 수밖에 없다.

그중에서도 시 〈말씀〉은 표면상으로는 '콩 심은데 콩 나고 팥 심은데 팥 난다'라고 하고 있으나 실상 그 말의 의미를 뒤집으려 하는 역설에서 이 시는 출발한다. 이 뒤집기는 우리가 진리라고 생각했던 것들, 낭연하고 불변할 것 같은 의미를 희화화戲畵化하여 전혀 상반되는 의미를 던지고 있는 것이다.

> 콩 심은데 콩 나고, 팥 심은데 팥 난다
> 콩을 심었는데 팥이 나지 않고
> 팥을 심었는데 콩이 나지 않는다
>
> 뿌린 대로 거둔다는 말씀
>
> 심는다고 모두 싹이 트지 않는다
> 싹튼다고 모두 꽃이 피지는 않고
> 꽃 핀다고 모두 열매를 맺지는 않는다
>
> 뿌린 대로 거둘 수는 없다는

참으로 편리하신 말씀

— 시 〈말씀〉 전문

  이 시 '콩 심은데 콩 나고, 팥 심은데 팥 난다'라는 말은 전후 문맥을 통하여 전혀 그렇지 않다고 말하고 있다. 말은 바르고 뜻은 반대인 것을 말하고 있다. 모순적이며 역설적이다. C. Brooks는 시의 언어는 역설의 언어라고 했다. 역설은 이렇게 모순을 통해서 진리의 발견에 기여하게 하는 시적 장치이다.

  '뿌린 대로 거둔다는 말씀'은 '뿌린 대로 거둘 수도 없다는 말씀'의 역설적인 모순구조다. 이 역설은 모순된 세계를 드러내는 가장 효과적인 인식 방법이다.

  양 시인은 우리 사회에 만연하고 있는 부조리와 불합리를 반복적으로 말하고 있다. 그에 따라 시작 방법도 아이러니이거나 패러디, 〈말씀〉과 같이 모순적인 역설로 되어 있다. 그는 현대시가 이미 서정적으로 다 말할 수 없는 시적 상황에 처해 있음을 절감하고 있는 것이다.

누군가 그랬다 껍데기는 가라고
알맹이만 남으란 말씀이신지
애초 껍데기 없는 알맹이가 어디 있으랴

가을걷이를 하다보면
알맹이보다 껍데기가 많기도 하거늘
모진 계절일수록 껍데기는 두꺼워지는 법

> 소라게의 꿈은
> 단단한 고둥 껍데기를 갖는 것
> 더는 껍질을 껍데기라 홀대치 말게
>
> — 시 〈껍데기론〉 전문

이 시 〈껍데기론〉도 역설적이다. '알맹이와 껍데기' '껍데기는 가라'는 시행에 빗대어 '껍데기 없는 알맹이는 없다'라고 말한다. 가을걷이를 하면서 느끼는 표의성, 껍데기와 허물 속에서 태어나는 생명들에 대한 의미를 역설적으로 들려준다. 오랫동안 우리는 껍데기의 허위성을 믿어 왔다. 이제는 이 말이 진리가 아님을 깨달아야 할 때가 되었다고 한다.

〈껍데기론〉을 읽으면서 보이는 것만 보고 들리는 것만 들으려고 하는 세태를 생각한다. 보이지 않고 들리지도 않지만 엄연히 실재하는 것, 그것이 존재가 아니겠는가. 문학은, 시는 우리가 보는 것 아는 것 밖에 존재하는 지평선의 저쪽으로 새 길을 열고 가는 것, 그러한 믿음으로 그는 우리의 시선을 부지런히 지평선 밖으로 인도하고 있는 것이다.

> 더는 나올 게 없을 줄 알면서도
> 짜면 아쉬울 만큼은 내주는
> 찌든 살림에 남매들 들러붙어
> 짜고 또 쥐어 짜 껍데기만 남은
> 야윈 젖가슴처럼

버릴 요량으로

납작해진 치약 껍데기를 찢다 베인

손가락의 핏방울

무엇이든 아껴야 한다던

잠언 같은 목소리가 아린 손끝에서

선홍색으로 배어나는 아침

― 시 〈다 쓴 치약〉 전문

시 〈다 쓴 치약〉, 가난했던 시절의 유년을 되돌아보게 하는 이 시는 그 이미지가 너무나 선명하다. 아끼고 절약하다 못해 마지막으로 쥐어짜는 심상으로서의 〈다 쓴 치약〉 납작할 대로 납작해진 치약의 빈 튜브, 가난한 살림살이를 나타내는 이만한 상징이 또 있겠는가. 찢겨진 튜브에 손가락을 베던 놀라움과 선홍색 핏방울, 나는 평소 소박하고 검약한 시인의 모습이 어디서부터 왔는지 이 시를 통해 그 발단을 본다. "아우야 참 아프지?" 나는 손가락 베인 그의 왼손을 잡는다. 가난했던 우리들의 유년―참 많은 세월이 흘러갔다. 동병상련일까 아련히 가슴을 적신다.

꽃병 속의 물은 평온이다

네가 꽁꽁 얼면 병은 깨진다

내 가슴처럼

내가 부글부글 끓어도 병은 깨진다

네 마음처럼

사라지는 너의 꽃

사라지는 나의 꽃병

— 시 〈꽃병〉 전문

찰나의 눈금이 길게 새겨진

권력의 저울대에 매달려

곡학하거나 아첨하지 말지니

욕망의 중심에서 멀어질수록

너의 비중과 힘은 더 커질 터

흔들리는 저울대에

누구를 매달지도 말고

매달리지도 아니할 일

저울에 대한 경외심은

치우침 없는 평형일지니

— 시 〈저울추〉 전문

 시 〈꽃병〉과 〈저울추〉, 지금까지 부조리한 현실에 회초리를 들었던 아이러니와 패러디는 이 시에서 모두 스며들고 흔적으로만 남아 있다. 이 두 편의 시는 짧지만 시인의 시정신이 함축된 시다. '꽁꽁 얼거나 부글부글 끓어도 병은 깨진다 는 인식과 '-곡학하거나 아첨하지 말지니-치우침 없는 평형일지니'같이 어디에도 기울지 않는 평형심, 어떤 일에도 욕심내지 않는 투명한 평상심을 보여주고 있다. 그는 법학도로서 이 저울추와 같은 균형의식을 평생의 가치로 살아왔음을 말하고 있다.

그리고 나는 양 시인이 〈꽃병〉, 〈이름〉, 〈바람의 말〉, 〈뚫림〉 등에서 나타나고 있는 것 같이 시적 회상을 통하여 부조리하고 분열된 현대사회를 극복하면서 자기회복을 꾀하고 있는 것에 주목한다.

회상과 기억은 나를 돌아보는 정신작용이다. 시인은 기억과 회상을 통하여 자아동일성의 시적 공간을 창조한다. 특히, 〈다 쓴 치약〉, 〈할미꽃〉, 〈기억의 저편〉, 〈쇠똥구리〉 같은 시적 체험은 모두 유년의 회상이다. 유년의 기억은 분열되지 않은 자아, 때 묻지 않은 순진무구한 동심의 세계 그 자체다. 그런 순진무구의 세계는 그가 돌아가고자 하는 자아회복의 모티프다. 부조리한 현실과 대결하고 대립하는 긴장된 마음을 다 벗어던지고 돌아갈 수만 있다면- 그러나 그것은 불가능한 일이다. 영원히 돌아갈 수 없기 때문에 그 희구와 열망의 자리에 서정적 자아로서 그의 시가 있는 것이리라.

뚫 림
양재성 제3시집

펴낸날   2019년 11월 11일

지은이   양 재 성
펴낸이   오 하 룡
펴낸곳   도서출판 경남

주소   창원시 마산합포구 몽고정길 2-1
연락처   (055)245-8818, fax.(055)223-4343
블로그   gnbook.tistory.com
이메일   gnbook@empas.com
등록   제1985-100001호(1985. 5. 6.)
편집팀   오태민 | 심경애 | 구도희

ISBN   979-11-89731-35-9-03810

ⓒ양재성

* 잘못된 책은 바꿔 드립니다.
* 저자와 협의 인지 생략합니다.
* 이 도서의 국립중앙도서관 출판예정도서목록(CIP)은 서지정보유통지원시스템 홈페이지 (http://seoji.nl.go.kr)와 국가자료종합목록 구축시스템(http://kolis-net.nl.go.kr)에서 이용하실 수 있습니다.(CIP제어번호 : CIP2019044412)
* 이 책은 경남문화예술진흥원 의 문화예술지원을 보조받아 발간되었습니다.

〔값 10,000원〕